Manual para que los carricitos vivan en Paz
Lo inventaron, soñaron, oyeron, sintieron, estudiaron y escribieron:
Laura Montilla y Luis Arocha Mariño.
¡A quienes por cierto les gusta mucho la rima!

Dedicatoria

De todo el equipo:
A los defensores y trabajadores del Método Canguro en Venezuela y en el mundo.
De Laura y Luis:
A todos los niños del mundo y tú incluido.
De Laura:
A todos los amorosos seres que vivimos para construir un mundo mejor. A Luis, centro, fruto, sonido, son y sabor de mi paz, a mi familia linda y querida y a todos mis amigos.
De Luis:
A la Humanidad y, especialmente, a esos seres que cada día se levantan para seguir construyendo un mundo en armonía. A ti, esposa mía, paz de mi vida.

Agradecimientos

A los pintores y amigos:
Julio César Alfonso, Enrico Armas y Asdrúbal Colmenares por sus dibujos para la sazón del espíritu, y convencernos más de la importancia de ellos, artes y artistas para el alma humana, la paz y la alegría.
A todos quienes han hecho posible que este manual exista.

UNAS PALABRAS ANTES DE COMENZAR EL MANUAL...

Al principio fue el verbo...

Desde el principio del mundo y antes de los más antiguos filósofos, desde que el hombre es hombre, fue la palabra. Hoy, la lingüística, la inmunología, la neurología, neurolingüística, el arte, la neurocodificación, todas o casi todas las ramas del conocimiento humano reconocen lo que las religiones supieron siempre, los chamanes supieron siempre, los genios reconocieron siempre...

El poder de la palabra, el valor del lenguaje, la potencia del decir y del conversar...

Desde las civilizaciones más antiguas, el poder del nombre es vital. La palabra en los ritos, relatos, canciones de cuna, cantos a la tierra, leyendas y mitos instala en nosotros: identidad, reglas sociales, ética, belleza, conocimientos, alma, símbolos y significados... Múltiples investigaciones avalan, demuestran y constatan cómo en los niños, particularmente, los tejidos del lenguaje y los juegos con palabras logran desarrollar, además, el entendimiento de asuntos muy complejos, y esa es la razón de escribir este manual de la forma en que lo hicimos, más allá del contenido, el uso de la rima como herramienta para dar alma a una palabra que requiere hoy respeto, valor y sentido: paz.

¿Qué dibujo harías sobre la paz, ahora que todavía no has leído tu Manual?

Primero, y por si tienes curiosidad de saber cómo empezó esto..., nos pasa mucho, cuando algún pequeño de algo se queja, le preguntamos: "¿qué puedes hacer para vivir mejor en tu lado o para vivir en paz y no aislado?". Pues como te sientas, siempre será tu estado y a nadie la culpa deberás haber echado.

La respuesta casi siempre es: subir los hombros y decir no sé. Y no es por lo complicado..., es que hacen falta ciertos secretos por aquí, algunos conocimientos más allá, pues la vida tiene ¡varios y tantos lados!

A veces, un papá sabe de una cosa, pero no sabe de la otra. La abuela sabe de aquella y entonces la de más allá se queda afuera.

Las maestras ¡ni hablar!, con tantos niños que tienen no se pueden ni parar.

Y las mamás trabajan tanto... Si otros en casa no están al tanto, que puede ser que las sepan, pero... ¿en qué tiempo te las muestran?

Por eso decidimos escribir esos secretos/conocimientos que casi siempre saben todos ellos, o si no, puedas tú ofrecerlos, contribuyendo a tu paz, la de todos en tu casa, familia y, por qué no, cuando crezcas a tu comunidad, estado o nación.

Por cierto, si a mano dejas este manualón, por ejemplo, debajo del colchón, y en la noche lo revisas, a que a la mañana siguiente ya no tienes tanta prisa.

Segundo, tú quizás te podrías preguntar: "¿cómo esos secretos/conocimientos te daremos para construir la paz?".

Después de mucho pensar..., la respuesta que nos pareció ideal fue; por trozos dividir la vida para hacerte corta/fácil la retahíla, y que sientas que todos estos secretos son una maravilla.

Cuerpo, Mente y Emociones serán, y son, las tres partes en que dividimos lo que aquí te vas a enterar, para saber y lograr vivir en y con esa paz.

Además, ellas mismas, cuerpo, mente y emociones, en mundos integrarás: material, social, espiritual y mental, para alineado y congruente vivir construyendo paz.

Y el alma, o espirité, se lo agregaremos como la sal a la sopa; donde mejor te parezca que esté, aunque, al final, algo de ello sí tendrás.

Nos lanzamos de una vez por la primera de las tres, que ya bien sabes... Cuerpo es...

Empecemos por el principio, que sin cuerpillo de nada te vale más nada, y nada más te va pegadillo.

Todos insistimos en que "cuerpo sano es lo mejor", pero ¿mejor para qué?

Llénalo tú, por favor, y así entre todos va el alegre manualón.

Descríbete con tu cuerpo sano:

Imagínate con tu cuerpo sano:

Si escribes y/o pintas o/y imaginas igual de bien estará y ya.

Con todo lo que pensaste seguro que ahora eres tú el que insiste en querer vivir con tu cuerpo más sano y equilibrado.

Pues bien, para eso, la comida es lo primero: comer sano es lo vital para lozano estar; que, como el cuerpo un laboratorio es, ni pensar puedes si no lo alimentas bien.

Pero..., entre las propagandas que incitan a comer en forma insana, la gente con amor, pero en ignorancia, dice que darles a niños chuches es una gracia, más la falta de información ¡qué dolor!, terminas pensando que lo sano no es muy rico, y lo rico ¡siempre es insano!

Y es bastante el ejercicio de la mente que hay que hacer para al estómago convencer de arremeter con fuerza: ¡vegetales, frutas y también hierbas! Por eso si no siempre así comemos, sigue leyendo, pues no importa; que para todo hay un remedio.

Si quieres dibujar tu cuerpo, cuerpos, muchos cuerpos... ¡hágalo, hazlo, venga, vamos a hacerlo!

¡Ahora a dibujar cuerpos sanos!

La Paz no es una meta, la Paz es el camino.
Mahatma Gandhi

PRIMER SECRETO

La práctica nos hace expertos. Si no sabes algo, practícalo, solo así te volverás mejor y aquello que quieres lo conseguirás sin temor.

Si no sabes comer hierbas, frutas o vegetales, practica mucho y a raudales hasta que lo aprendas a hacer.

Y, para todos los que ya les gusta y los que a aprender van, agrégale a las frutas y vegetales, pescado, carne y cereales, que es lo que al cuerpo hay que dar.

Además, si enriquecerte también querrías, prueba, prueba sin miñaquerías:

Comida árabe, hindú, paquistaní, además del pabellón y caraotas con arroz, comida italiana, francesa, israelí y alemana, de Turquía, vietnamita, japonesa o croata, colombiana, peruana y ecuatoriana...

¡Venga de donde venga!, acostúmbrate a innovar, a saborear lo nuevo, a disfrutar la variedad que ofrecen las comidas del mundo entero.

Al principio raro suena, pero si insistes, verás que tu paladar pronto, pronto se abrirá...

SECRETO UNO ENTONCES

Para volverte experto y estar contento ¡solo práctica, práctica y nada más!

Ah, y no importa que alguien ría, si es adulto, ¡menos algarabía! En todo caso, pena es lo que darnos podría, pues seguro que cuando chico le rieron o criticaron y así eso fue lo que le enseñaron.

Ahora, para recapitular y, no te preocupes, que la cuenta sí que la sabemos llevar, para volverte experto y estar contento, solo hazlo de nuevo y mantente repitiendo:

Equivocarse es de sabios, dice un refrán popular. Hay muchos muy mentirosos, pero este ¡sí que dice la verdad!

Equivocándome aprendo y cuando lo vuelvo a empezar, otro ensayo en el camino, de nuevo, me orientará.

Cuando yerro, me despierto a otras formas de entender o, al menos, ya reconozco como no resulta ser...

Por cierto, aquello de practicar y equivocarse para aprender... es con todo; que tú lo puedes hacer y, no nada más que al comer.

Ahora y después de solucionar lo del alimentarte ¿beber? ¿por qué no? ¡también! Pues refrescos no son vida, sino los jugos más bien.

¡ Y seguimos adelante con más secretillos de Paz... Ahora te digo; atención hay que poner al aspecto del jabón y de los baños sin calzón antes de que te dé picazón, ah y cepillado adecuado de tus dientes para que no se caigan y estén siempre presentes.

Aprendiendo que cada día, uno nuevo es... vívelo, que bien limpio y alimentado seguro sales bien.

Ah, y otra alegría que al cuerpo no debe faltar, aquello de los deportes, junto al saltar, cantar y estudiar. Juega al fútbol, juega al básquet, juega al voleibol y tal. Y no importa si tardaste, lo importante es que, al final, un buen juego o deporte que te guste ya encontraste.

Y, para terminar con este asunto del cuerpo: limpio, entrenado y comiendo sano, la paz más cerca ya está. Claro no olvides tomar en cuenta que hay niños sin agua, comida o juguetes y aunque bien injusto nos parezca, siempre algo se consigue mejorar o ayudar a otros a mejorar de la circunstancia en que estás.

Y del otro lado del río... Cuando hayas leído este manualón, un juego también sería cambiarle a la rimería.

Además, también te sirve por si algún día enfermaras (diabetes, riñones, cáncer, algo de la garganta, que no camines o no veas bien), cualquier cosa comiendo sano, limpio y haciendo ejercicio, también estarás siempre ¡mejor que bien! Y si en cama algún tiempo tú pasaras, pues jugando a verso también te entretendrás y más corto ese tiempo se te hará...

Aclarado el tema del cuerpo, pasemos a otra parte del manualón, hecho con cariño y algo de un buen _____

¿Las divisiones cuáles son?

Cuerpo, Mente y Emociones...

Ya hablamos de una y ahora nos quedan las otras dos. Las que faltan y vendrán: Mente y Emociones serán.

Porque dijimos que espíritu, como la sal en la sopa, lo agregas donde haga falta ese pitu pitu.

**Mente... llegamos a la segunda parte
de los secretos para vivir en paz.**

¿Algún día te enfermaste o alguien a quien amaras? Haz un dibujo muy lindo y después se lo regalas.

Dibujo para regalar

MENTE

Me equivoco y lo vuelvo a hacer,
me equivoco y es solo para aprender.

¿Qué hacer para vivir en paz con tu mente y tu talento? Sencillamente ¡ir directo al intelecto!

A tu parecer, ¿cuánto conocimiento divertido y útil de matemáticas, juegos, ciencias, estética, internet, ética, videos o cromos tú necesitas?

De todo hay que aprender, pues la vida es muy variada y completo tú puedes ser si de todo conocimiento no te niegas a aprender; que incluya hasta sexo para que, cuando nos toque, si todavía no es tiempo, sepas desde cómo no enfermarte, disfrutar al máximo la rima, hasta cuando hacer (si algún día lo desearás) tus niños y tus niñas.

¿Cuántos conocimientos te faltan de experimentos, inventos, novelas, ecología, medicina y alimentos? ¿Y de todo lo demás?

¿Adivinaste, lo habías leído o tú solo lo pensaste?

Por más que científicos lo han estudiado, ¡el final de todo el conocimiento nunca, nunca han encontrado!

Nuestra mente es ¡magnífica y fabulosa verdaderamente!

Eso sí, para aprender es necesario que estés completamente seguro de que puedes. ¿Puedes? ¡Claro que puedes! Sí puedes... o como dice un amigo:

"Si otros pueden, ¿por qué tú, o él, ¿no? Si otros pueden, también tú puedes".

Si otros son pintores, investigadores, buceadores, ecologistas o maquilladores, lectores, escritores, peluqueros, banqueros, oficinistas, electricistas o heladeros, chóferes, cocineros, marineros o aviadores, ¿por qué si otros lo hacen, tú no podrías?

Recuerda: estudiar y practicar; equivocarse y practicar.

Sencillo es de imitar: pasión, alegría, práctica y estudio todos los días.

Claro que podría ser que la confianza en ti mismo no ande cerca; para eso hay magníficos terapeutas.

Si ves que solo con los ejercicios que más adelante aprenderás, o con la familia no lo consigues por más que mucho, mucho, lo intentas, a ellos recurre sin pena y sin ninguna vergüenza.

Y si en el camino estás, o ya tienes seguridad y en ti también confías, ahora aquí tendrás una idea, un secreto para aprender más, mucho y mejor cada día.

El secreto de la Mente dos partes tiene; muy atentos que aquí viene...

SECRETO DOS Y EN DOS PARTES...

Secreto de la mente: Parte 1

Alguna técnica o método has de saber a la hora de aprender: esquema, juego, poema, canción, dibujo, ¿es por acción o repetición? En algo convertiréis lo que vais a conocer. Es decir, alguna forma de estudiar debes tener, pues si no, repitiendo y pensando en otra cosa, aburrido es como es.

Secreto de la mente: Parte 2

Si en todo aprender, empiezas siempre por preguntarte: "¿para qué?", será más fácil también.

Esa pregunta es clave a la hora de estudiar. Si no sabes ¿para qué?, o crees que es para a tu maestra complacer o para que en casa no te regañen, tienes tú que saber, las cosas pierden sentido, encanto y se tarda más el aprender.

Por eso es por lo que aquí ahora nos vamos a detener. Pregúntate siempre: ¿Para qué? ¿Para qué? ¿Para qué? ¿Para qué?

¿En qué nivel estás? ¿Preescolar, básica o más allá?

¿O en ninguno por falta de mamá y/o de papá? Pues sin familia o con hermanas para aprender cualquier cosa, no solo las de la escuela, nunca debe faltar esa pregunta sensata y bella.

¿Para qué?

Por ejemplo: piensa... y contesta... ¿Para qué te sirven los números aprender? ¿Cuánto se gasta en casa si las luces encendidas se la pasan? ¿Administras bien el dinero o nunca te alcanza, de ahorrar ni hablar, y se te acaba casi sin verlo?

Es que de verdad sacar cuentas sí que es de utilidad. Y si en los números ya lo tienes, vamos con lenguaje a hacer lo mismo que antes...

Estudiar lenguaje sirve para: _____

_____

Y se vale si lo pensaste o lo dibujaste y por eso esas líneas en blanco tú dejaste.

También sirve responder: "escribir mensajes de texto, email, cartas de amor, enviar poemas tuyos o de reconocido autor".

Y si quieres seguir el juego, aunque sea un rato más, prueba con otros temas; qué asombrado quedarás.

¿Para qué Ciencias?

Recibir explicaciones, convertir el mundo en moderno, disfrutar experimentos de todos los inventos. Ahora tú: ¿para qué ciencias? estudiar ciencias sirve para: _____

_____

Historia: ¿Quiénes son tus abuelos? ¿Por qué el país es así? y ¿cómo desde allí lo podemos distinguir y en el futuro más medir?

También con la historia te enterarás si tu familia es una gloria y si alguna enfermedad heredando podrías estar.

Geografía: ¡Ay, qué maravilla aprender de continentes, montañas, valles y aguas calientes!

Ahora tú, estudiar historia para: _____
_____

Recordando que soñar es la magia de los grandes constructores, artistas científicos, hombres, mujeres, niños, gente bella. ¿Tú qué sueñas?

En todas las otras áreas tendrás que preguntarte siempre: "¿para qué lo harás?".

MENTE

Por cierto, y es parte de este secreto..., un propósito en la vida, aparte de estudiar, es algo que a todo ser, puede complementar. ¿Sabes el tuyo cuál será?

Si no, pues a pensar...

Ya sabes este secreto, lo demás, poco a poco, vendrá; más métodos y muchas otras técnicas podrás tú solo, o con amigos y/o familia, por tu cuenta investigar.

Y siempre saber dentro de ti, tu para qué; no solo de los estudios, sino de todo el completo existir.

Ah y un detalle a pensar también será, que tu mente esté siempre consciente de lo que te rodea y sientes: creaciones sobre lo que vives, tu forma de percibir y de ser quién eres, la manera en que comprendes todo lo que está allí, lo que dicen, lo que es este mundo al cual tú perteneces.

Y si con ello no estás satisfecho, aprende a sustituirlo por otros pensamientos, sentimientos y formas que te den más contento.

Para eso precisamente ahora vamos con la tercera parte que tomar en cuenta tendrás si quieres hacer esos cambios y dentro del alma muy y siempre en paz estar.

Propósito de mi vida, propósitos de mi vida, aquí dibujaré, escribiré o ¡tal vez ahora es cuando me lo pensaré! _____

Escribe, imagina y/o dibuja y pinta.

¿Y ahora que viene...?

EMOCIONES

Escribe, imagina y/o dibuja y pinta las o quizás tus emociones...

Tu cuerpo puede estar sano, muy informado y sabio serás, pero si tus emociones no sabes cómo ajustar, ni allá, ni aquí, mucha paz nunca tendrás.

Entonces, y como aclarado este punto está, ¡¿cuáles son las emociones y cómo orientarlas ya?!

Aunque de las primeras que siguen solo habrá que disfrutar... **¡alegría!**

Esta es la primera emoción y si ese es tu estado formal, es casi seguro entonces que muy sano estarás ya.

Epa, sumar alegrías son cuentas. ¿Qué te parecería practicar matemática durante un rato si no es que para dormir te acuestas?

Otra emoción hay que se hace sentimiento cuando perdura en el tiempo y qué sabrosa que es: **¡amor!**

Qué delicia abrazos y caricias que hasta vitaminas son.

Conclusión: ¡para la piel mucho amor!

El amor es vida, consuelo, y sirve también cuando nos sucede lo contrario, un desconsuelo. Porque, cuando de amor se trata, recuerda siempre: "¡nunca hay medida sensata!".

Sentirlo más y a montón, darlo y recibirlo para cualquier ser humano, animal, planta o planeta en flor ¡será siempre lo mejor!

Y otras emociones que resumen a los seres vivos muy bien: **ternura y compasión**; se ven.

Sentirlas es aliciente y ojalá que en solidaridad se te conviertan siempre.

Ahora vienen otras emociones que no son tan ricas y necesitan siempre, como ya dijimos arriba, sus buenas ajustaditas.

La primera es **¡miedo!**

¿Lo has sentido alguna vez? Pues sepa usted que todo el mundo también.

Cosquilla que paraliza o que te hace correr, sin saliva también deja y el estómago al revés.

¿Recuerdas uno muy fuerte alguna vez? Nosotros también. Escribe el tuyo si quieres, si no, píntalo o ¡imagínalo tal vez!

Escribe imaginar y/o dibuja y pinta
¡los miedos! ¡¡Uuuuuuuhh!!

Del miedo además se dirá que, si estás atento, hasta mucho bien te hará, pues ayuda a defenderte, a cruzar calles con tiento, de extraños alejarte si es oportuno y no hay lugar para el contento. Lo que si se necesita pensar es cuando te sobrepasa y no te deja estar... Claro que para eso puede estar la terapia, pide ayuda si es el caso. No hay ninguna necesidad de sufrir si alguien ayudarte podría a vivir en alegría...

Escribe, imagina y/o dibuja y pinta la alegría u otra emoción que te cause cosquillas.

Ahora viene: **rabia**... Pronúncialo fuerte y áspero y ya sabes ¡qué cosa es lo que será!

Es una emoción de las más fuertes, tal vez tanto que hasta dolor puede ser que te dé. Así, quererla amansar será siempre buena elección.

¿Hay de rabia algo en tu ser?

Si es sí, aguarda, que con las otras emociones que no son tan deliciosas, algo vamos a hacer, solo que un poco poquitín después, pues todavía falta una, y ella tristeza es.

A veces la tristeza te eleva, ¿qué opinas? ¡Y es que si la agarras a tiempo!, hasta escribir con ella podrías un cierto tipo de verso.

¿Qué te parece a ti la tristeza?

Puede ser un examen, un regaño o un peleón, alguna guerra del mundo, o no tener ocupación, lo cierto, entonces, es que a todos alguna vez, la tristeza nos ha asaltado nuestro lindo corazón.

Tu rato más triste..., ¿lo podrías dibujar?

Escribe, imagina y/o dibuja y pinta tristezas
o quizás tus tristezas, ¡a ver si se sacuden y
dejan de estar tan tristes!

He cometido el peor de los pecados que un hombre pue-de cometer, no he sido feliz, que los glaciares del olvido me arrastren y me pierdan, despiadados.

Mis padres me engendraron para el juego arriesgado y hermoso de la vida, para la tierra, el aire, el agua, el fuego. Los defraudé. No fui feliz.

Cumplida no fue su voluntad.

Fragmento de *El Remordimiento*,
del escritor argentino Jorge Luis Borges.

Aquí viene lo ofrecido, que es darte una solución para hacer ajustaditas de emociones y rápido salirte a mejor.

Con miedo, rabia y tristeza mucho puedes hacer para que no se queden cerca y huyan de ti con presteza.

Una clave es vigilar que en ti no quieran estar, que se pasen rapidillo, solo duren momentillos...

Ahora, si te preguntas ¿cómo hacer eso? para empezar y luego practicar hasta volverte experto en la paz, pues bien, atento tendrás que estar...

Primero: piensa en una de las emociones que sacar de ti ya quieras. Si lo sientes como un peso, vas y le pones menos, imagina que es liviano, vuela y se va lejano.

Lo cambias a chiquito si ves su tamaño mayor para que no piense en dominarte y menos, qué menos, en volverse grande.

Y, *tom, tom*, le quitas el sonido si acaso es como un tambor...

Estas son algunas formas de alejar de tu memoria sonidos, imágenes y sensaciones que te den miedo, rabia o dolor, para que te mantengas sano y mayormente en un estado de amor.

Y si son mucho más fuertes, aquí tienes otra manera de alejarlas y decirles "¡fuera!".

Tic, tac, tic, tac, un toquecito del lado derecho de tu cuerpo y otro del lado izquierdo, *tic, tac, tic, tac*, solo eso, y nada más, hace que tus hemisferios se conecten para pensar. Pruébalo y verás que encantado tú estarás.

Se llama N.E.B.A., funciona para todo lo que te moleste; aquí, en el presente, lo que vendrá, es decir a futuro y/o aquello del pasado que no has podido y si has querido olvidar.

Piensa en ello y, *tic, tac*, un toquecito a la derecha y uno a la izquierda en tu cuerpo harás.

Ya verás, tic, tac, tic, tac, alternando, *tic, tac, tic, tac* y ¡ya!

Así funciona el cerebro, no lo puedes evitar, así que mejor aprendes cómo aprovecharlo y ya.

Sigamos en este tema, que muy importante es: distinguir las emociones cuando ellas no te hagan bien, duren mucho, o muy pegadas, sea lo que sea, que estén.

Otra idea para cuando algo no te guste, se trata de algo muy simple y es que lejos lo puedas poner: te encierras contigo mismo, donde estés solo un momentillo es todo lo que buscarás y depende de lo que sientas, tristeza, angustia o dolor, si es tal bajón que te enfermas, o solo es susto con panicón, lo importante es que te enriquezcas preguntando a tu cabeza y aclares el enredón: **¿qué fue lo que a mí hoy me pasó?**

Si has gritado, si has peleado, si has llorado o moqueado.

Oye, cabeza, responde: aquí solitos los dos.

¿Qué es lo que hay en mí y detrás de este danzón?

Tu cabeza de inmediato la respuesta te dará, la emoción se aclara; que si fue susto, que si me desesperé, que si creer no podía que capaz era de hacer esto bien...

Probablemente, con ese conocimiento de qué fue lo que pasó, ya sencillamente algo en ti mejorará, pero, además, un tiempo corto es todo lo que esa emoción debe estar. Despídela, pues nada desagradable debe en ti mucho durar.

Lo que sucede experiencia será y nunca más tiempo tendrías que dejarlo estar...

Tu gran dibujo...

Emociones que se alejan, no me convienen muy cerca,
yo solo lo logré, preguntándole a mi cabeza.

SECRETO TRES

Cuando de emociones desagradables se trate, porque las lindas hay que dejarlas siempre bien vivas, te conversas a ti mismo, respiras profundamente, aplicas una de las técnicas (Tic, tac o alejar) y te prometes entenderte.

Además, amigo o familiar buscarás, si acaso solo no estás, que podrá darte consuelo o aunque sea un buen consejo.

Ahora ya sabes, sin dudas, que todos nos asustamos, enrabiamos y lloramos cuando miedo, furia o dolor nos cruzan el corazón.

No sentirás extrañeza porque ya sabes qué hacer para que duren poco y te conozcas mejor cada vez.

Y, aunque esas emociones vuelvan, seguro, en otra ocasión, por motivo muy distinto a nublar tu corazón, al contrario de preocuparte, lo que harás será ¡ocuparte! ahora que todo esto sabéis!

Eso sí..., recuerda el primer secreto: solo aquello que practicas muy pronto lo verificas.

Cuando te acostumbres, muy sereno vivirás y la promesa de este libro seguro se cumplirá.

¿Recuerdas cuál era? ¡Aprender a vivir en PAZ!

Y del asunto de las emociones, una cosa hay todavía que podríamos agregar: se trata del apoyo en los demás. ¿Qué es confianza?, o ¿en quién confías?

La confianza es el corazón de la esperanza, del amor y de la vida.

Confiar en familia, amigos y sociedad, es entonces ideal para que las cosas no nos vayan mal... Confiar en otros es vital, sobre todo, para los chicos, que la vida entera está todita para estrenar.

Confiar en inteligentes, grandes de corazón y sabios de experiencia, será una gran solución y, si fueran las tres, maravilloso otra vez.

Eso sí, la decisión de en quién confiar, como otras, algo delicada está.

Decisiones de amor, sentir y cómo la vida vas a vivir, atento y con cuidado elegir.

Lo que sí es muy seguro: no habría que prescindir de tener mucha confianza para en la vida surgir...

Confianza en mí mismo, mami, papi, un bisabuelo, abuela, tía, hermano, primo y muchos más son los que son, y así, todavía es mejor.

Bueno, disculpa la interrupción, por cierto, que eso de disculparse, cuando necesario se hace, es vivir sensacional, despierto y a la vida atento.

Disculpa otra vez, agarremos el hilo que por aquí anda y no al revés...

Y si quieres dibujar aquí..., te divertirás más.

Confianza en mí mismo y ¿en quién confío?

Escribe, imagina y/o dibuja y pinta la confianza, tu confiar.

Si ese alguien que escogiste para tu confianza dar es buen ejemplo de la vida que tu quisieras lograr, imitarlo será entonces tu humana forma de actuar.

Y ten cuidado, nunca te dejes maltratar, ni siquiera por quien por fuera parezca pero resulte que no es digno de confiar.

Que es por eso, por lo que algunos muchachos se tuvieron que inventar a cierto personaje hermoso al que si podían imitar.

Además, se vale encontrar algún personaje de la historia que, leyendo su buen ejemplo al punto si seguiréis.

O podrías trocear: esto de uno, aquello de aquella, y crear un personaje tuyo.

Y si quieres construirlo que a nadie se te parezca, dejamos de nuevo el espacio aquí sin resta, y lo pintas, o lo escribes y que tu mente bien se sienta.

Escribe, imagina y/o dibuja y pinta tu personaje a imitar con tus neuronas espejo... para que seas como lo mejor de los demás...

Y si lo reconoces y te parece muy bien, escribe su nombre:

_____

que quizá rime también.

Y si tu persona a imitar es una mezcla entre conocidos, algo de papá, algo de mamá, un tío, una amiga, algo de por allá..., hay que anotar: cuando se equivoque, paciencia tendrás; no dejarás que se apene y pronto eso olvidarás.

Terminaron los secretos aquí en nuestro Manual, de muchos de esos secretos que queremos que conozcas para vivir equilibrado y en paz.

Cuerpo, Mente y Emociones, integrados a tus mundos con todas tus ilusiones...

Ahora queremos darte también un trozo de ecología y del respetar, saber.

¡Ah, y cumpliendo la promesa de no olvidar el espíritu!

¡Capítulo aparte y ahí no más, llegaremos al final!

¡Aquí, dibuja por dibujar!
¡Que muy pronto ya sabrás lo bien que
te hace y cómo te conviene pintar!

CAPÍTULO APARTE

La luna ignora que es tranquila y clara
y ni siquiera sabe que es la luna;
la arena, que es la arena. No habrá
una cosa que sepa que su forma es rara.

Fragmento del poema:
De que nada se sabe, de Jorge Luis Borges.

CAPÍTULO APARTE

Capítulo aparte aquí está para integrar lo demás, que queremos que tú aprendas en el *Manual de la Paz*...

No te importen diferencias entre ideas o saber, lo que importa es que en el fondo nos podamos entender; razón no se tiene por encima de los demás: políticos, padres, curas y monjas, ¡pensad!

Sobrinas y sobrinillos, jardineras o viejicos, puede ser el barrendero o la que vende un juguillo, cualquiera está equivocado, pensando que es bueno actuando, si es su manera dar gritos.

Podría ser muy bien un presidente o la dueña de una tienda quien tenga en su cabeza que las cosas en violencia le salen mucho más bellas.

No importa si optometrista, albañil, nadadora o muy famosa, no importa el cargo que ocupe, con los que imponer deseen sus ideas a granel, ¡tú estate atento a correr!

Entre las personas nunca importancia va a tener, su color o si camina, si ve o no oye tan bien, si es concejal u obrero, síndrome Down, librero o contigo juega ajedrez.

Y es que, entre pelo ricé, amarillo, negro o alisado, cada uno de los otros, igual a mí, es.

Humanos, plantas y animales tenemos el mismo derecho a vivir en paz, todos en nuestro planeta, si aprendemos, así será...

Por eso; tratarnos con respeto, brindarnos gran comprensión, y si alguien grita o pega, pensar que tal vez, otra forma no aprendió.

Y, para que no nos pase igual, entendamos bien nosotros cómo es que esto funcionará:

Cada uno es cada uno y no hay otro como él.

Por eso para entender cómo piensa... aquella/aquél, habrá un poco siempre que ponerse en esos pies...

Es importante también, que preguntes a quien te oyó, como interpretó aquello que le dijiste, y saber si no concuerda, con lo que querías decir y aclararlo de inmediato.

Cuando te pidan cosas, exijan o te den órdenes, si no comprendes muy bien, pregunta siempre ¿para qué?.

Cuando oyes las razones detrás de gestos, religiones o manotones..., es más fácil comprender y entender, amar a otros y aprender.

Soñar es derecho y construcción, imaginación, amor, futuro y propósito de vida.

¡Todo en la misma canción!

¿Quieres colorearlo? Por eso lo dejó así
nuestro pintor Enrico Armas.

Piensa también cómo servir a otros, de eso puedes hacer una buena forma de ser.

Hospitales, niños, animales, adolescentes y ancianos esperan por nosotros y nuestra capacidad de dar una mano.

¿Qué dices? ¿lo harás?

Y por fin, termina la lista de las cosas a pensar que se nos ocurrió darte en este *Capítulo aparte* junto a todo lo demás...

Que quien aprende buen trato, a su cuerpo mantener, entender sus emociones y cómo estudiar, también hará de su vida un extraordinario quehacer.

Alineará su actuar, su sentir y su pensar en todas las dimensiones que son; física, consigo mismo, social y espiritual.

Y no importa ya el errar, solo importa practicar, ya que solo somos lo que somos: ¡seres humanos construyendo paz!

Y ahora ese algo que ofrecimos alegres, desde allá atrás:

¿De qué está hecha la sal de lo que llaman espíritu, alma, sustancia o ser? ¿Insistimos en que ustedes la agreguen desde donde estén y le inventamos el nombre ese de espiritée?

El alimento del alma ningún secreto será, seguro tú lo sospechas desde mucho tiempo atrás.

Son las cosas bellas: naturaleza, arte, gente y cometas, danza, un águila, una rosa, un amanecer o en un gran mar bañarse bien, música bella, o por la ventana ver...

Eso es alimento del espíritu. Y que, si no se lo sé dar, de una manera discreta mi alma lo pedirá.

Por ejemplo: si de la naturaleza te alejas y pasas mucho tiempo así, sientes rara nostalgia, que con nada se te aquieta, nada que no sea... ¡la misma naturaleza!

Paseos por mares, tierras, montañas, lagos, lagunas y ríos, donde desde pajarillos hasta gusanillos veas.

Si estás triste y no sabes el porqué, es a tu alma que la tienes que atender.

Pon tu disco favorito, canta y baila también.

Pintor: Luis Arocha Mariño. Hizo un original para ti.

Cuando hayas tenido un buen susto, una muy loca pelea, después de aplicar tu técnica de alejamiento o el N.E.B.A complementa muy seguro con algo de música y ¡vuela!

Aprende entonces a estimar artes bellas, gente y naturaleza entera, para, cada vez más contigo de paz estar lleno o llena.

Hay investigaciones que dicen que si estudias música, canto, danza o teatro, te haces muy inteligente, disciplinado, te ríes y te diviertes.

Por todo eso, sugerimos, para que no pierdas tiempo, no esperes que tu espíritu te grite en el desconcierto...

A una exposición, un buen libro, un buen concierto, acércate mínimo una vez al mes con acierto. Insiste, insiste, acuérdate lo de la práctica para que puedas seguirte.

Y cada día, aunque sea un instante, te tomas un momento para soñar y compartir a lo grande, para alimentar tu espíritu, a tu alma darle valor y entregar a quien quieras cualquier rato de candor.

También podrías al amigo, hermano, prima, menor o mayor mostrarles, si no supieran, que un instante de esas cosas le devuelven el sentido de la vida verdadera y, además, el del amor.

La angustia tampoco se salva, ni el estrés del que todos hablan, porque artes y naturaleza en ayudarnos a olvidar son expertas.

Y recuerda; investiga y hazte bueno en eso de ser artista u observador de arte y cielo.

Dicen que la persona que esto suelen acatar, en lugar de estar paseando en un centro comercial, con naturaleza y arte, su espíritu alimentará. Se hace así más completo, su entendimiento es total y solo algunos días, al tener necesidad, es cuando a las tiendas se van a dar una vuelta y pasear.

Y si quieres, completa esta lista para que no te falte nada: danza, ballet, galerías, museos, encuentros, festivales, bibliotecas y conciertos, de toda forma y manera: experimentales, contemporáneos, folclóricos, teatro, escultura, senderismo, montañismo, todos los deportes que te lleven a amar la naturaleza y a no competir con nadie, sino contigo mismo además de ... (sigue tú esta lista)

¡Ah y que no te falten lecturas maravillosas y menos poemas que te hagan pensar, el alma saltar y la mente conmocionar...

Dibuja, pinta o piensa lo que quieras, lo que quieras.

Las exposiciones de cuadros el equilibrio te ajustará y si has peleado con alguien, ¡a una buena peli acudan ya!

También saborear, oler y ver un buen plato, manjar para los sentidos que la vida alegrará.

Por cierto, no tiene que haber dineral para estas cosas, se necesita es ponerle, quizás, un algocito de empeño.

Servir la mesa con gusto, pintar tu cuarto, tu casa muy bien, cualquier electiva del cole, escuela, universidad, asegurarte podemos que también funcionará, para empezar a tomarle el gusto al arte y a lo que eso a tu vida le aportará.

Escuchar pájaros, silencios o ruidos de la ciudad, cualquier cosa hermosa, lo que por allí te guste más, son las cosas que tampoco nunca tendrás que olvidar.

Ser amante de insectos, perros, gatos o lechuzas, estudiar veterinaria o cómo educar medusas.

Participar con gusto en todos los movimientos por el respeto del hábitat, y en parques estar atento.

Comprender que la Tierra entera es la casa del humano y de todos los demás, de bacteria a dinosaurio, desde el principio del Mundo hasta la Vía Láctea completa.

Hay que recordar también que es más sano que entre todos mantengamos nuestra Tierra resplandeciente y bonita.

Seamos ecológicos es la consigna en la sien, que te ocupes tú por ello, no lo dejes a después.

Y a la lista que traemos para lo espiritual, aquello de bellas artes, tu alma alimentar, y eso de que a la Tierra también amarla podrás (claro, ¡si es que no lo hicieras ya!), también sobre religiones algo podemos hablar...

Para nosotros, en eso de qué creer no hay opinión y la que elijas estará bien.

Si te hace sentir que unido estás a los demás, que perteneces a una energía global, si te hace decir que eres parte del gran tejido total, si das cabida a todas las criaturas y amar te

enseña sin diferenciar; si te hace actuar respetando el derecho de cada uno a ser quien es, y a creer lo que creer crees, cualquier religión que prefieras así habrá de ser.

¿Te encanta? Es de nuestro pintor Asdrúbal Colmenares. Entonces, y para finalizar, un recuento pequeñito aquí te mostramos ya: darle cabida a la Tierra, ajustar las emociones contigo y con los demás, tener propósito, sacarle provecho al cerebro; es decir, pensar, reflexionar, corregir y repensar…, sobre todo, lo que haces, sientas, digas, leas o te digan sobre tu vida y el mundo; a todo lo que se te ocurra, date espacio y a pensar, además recuerda siempre de con tu cuerpo sano estar.

Soñar, exaltar el espíritu, resaltar, construir dignidad, creencias, principios, tu libertad de pensar; eso es conocimiento para llegar a la paz.

La paz no se hace sola, se construye cada día, entrenándonos y disfrutando pensamientos, sentimientos y actuaciones.

Muchos adultos que ayer de niños no lograron estas cosas aprender, hoy dirigen guerras, venden armas y hasta las drogas también, pelean por religiones, abandonan a sus niños, no cuidan a sus enfermos, mucho menos sus abuelos y hasta roban, mienten y otras cosas que habrás oído también.

Y si algo no has entendido de todo lo que hemos dicho, acuérdate del secreto de las primeras hojas del libro:

"Practica, equivócate y vuelve a practicar, es decir, una y otra vez: leer, pensar, corregir, accionar, repensar y con el manual tendrás".

Y si... "¿para qué tanto trabajo?", te estás preguntando ya, aquí hay una respuesta: para hacerte humano, ser total, que a los demás y a ti mismo quiera hacerse entender sin tanto protagonismo, que se equivoca mucho, se alegra y lo vuelve a hacer, que respeta a todo el mundo y que puede crecer y crecer....

Que en el futuro, bajo su pecho seguro hará responsabilidad, retos grandes, muchos sueños construye y construirá porque ha sabido alinear su yo con su mundo social, espiritual y también lo material.

Que se gana el gran saber, el sentir y el otorgar a cada especie el valor que se tiene a él y más... para que así y con amor logremos ese anhelo que es ¡vivir en paz!

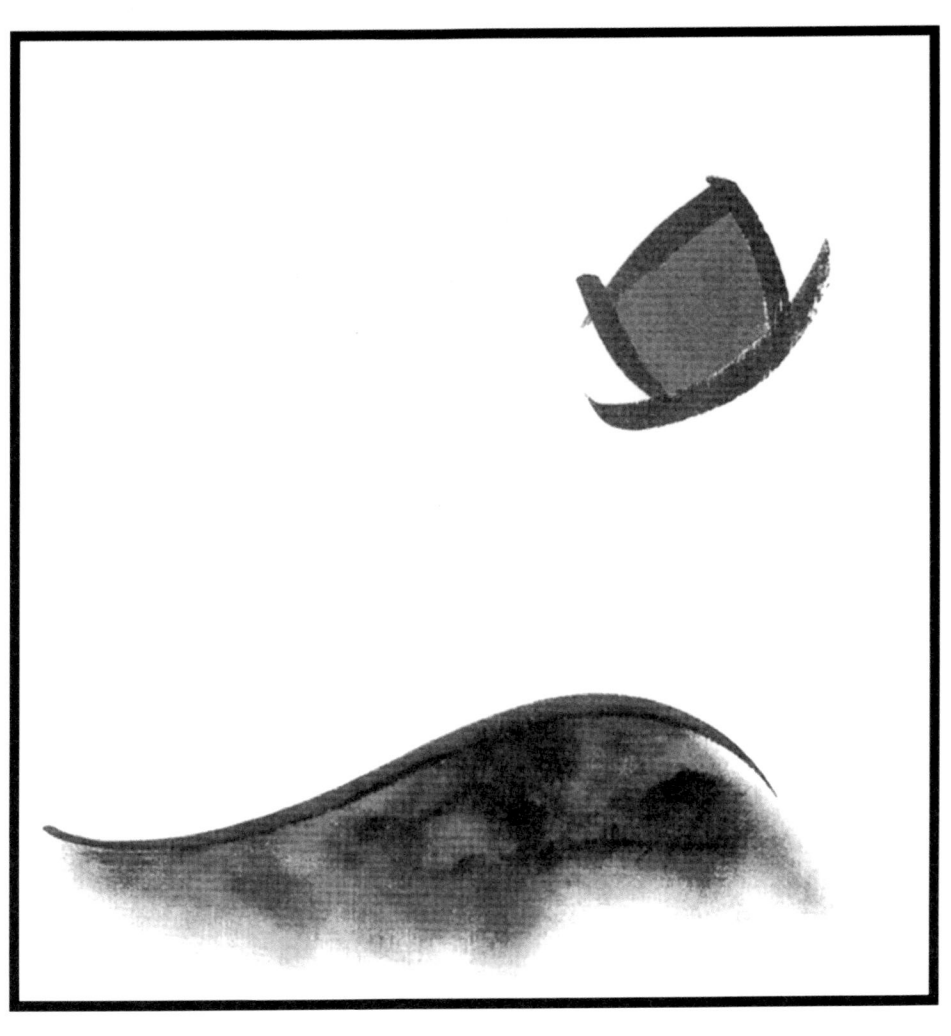

¡Seguro te gusta!
Es de Julio César Alfonzo, pintor, dramaturgo y escritor.

Esta es *la Paz del Manual*.

Y ya que has leído tu Manual de la Paz
escribe, imagina, dibuja o pinta lo que
ahora es para ti la paz...

Y así vamos a acabar. Gracias por hasta aquí llegar y que por siempre jamás puedas al máximo en tu vida llevar en ti la paz.

Y este espacio es para lo que quieras agregar o decir, dibujar, imaginar o pintar sobre la Paz... Tu Paz...

© Laura Montilla de Arocha y Luis Arocha Mariño (de la obra)
©Apuleyo Ediciones 2024 (de esta edición)
Primera edición en Apuleyo Ediciones: diciembre 2024
Diseño de cubierta: F. J. Garrido Barroso
Corrección: Aitor Andreu Guerrero
Maquetación: F. J. Garrido Barroso
Ilustraciones: Luis Arocha Mariño
Coordinación editorial: Isidoro Cidre González
info@apuleyoediciones.com
www.apuleyoediciones.com
ISBN: 978-84-1060-296-0
Depósito legal: H 317-2024

Hecho e impreso en España.